인연을 쏘다

송다인 시집

도서출판 청옥문학사

시인의 말

세상사는 일이
서로의 관계 속에
맺어지고 있습니다.
인연에는 결코 우연이 없습니다.
우리가 만나기도 전
이미 오래 전에
그 만남은 시작되고 있었습니다.

가진 것 나눔이
따뜻한 위로가 되고
진솔한 다가감이
따뜻한 감사가 되고
소중한 인연으로
당신들과의 만남이
오늘도 빛나고 있습니다.

주워진 그 날까지
그 소중한 인연 때문에
살아갈 것입니다.

마치 내가
세상을 끌고 가는 주인처럼
사람의 향기가 차오르는
좋은 포도주처럼.....
내가 살아가는 이유입니다.

2012. 5. 10

기장 봉대산 서실에서

저자 송 다 인

인연을 쏘다

차 례

제 2 부 ▌ 희망의 엽서

차 례

제 3 부 ▮ 개똥밭에 굴러도 이승이 낫다

제 4 부 ▌ 나눔의 온기

제 1 부

시는 끊임없이 밀려온다

새벽

의식과 무의식의 경계 속
어스름 새벽에 영감을 얻는다
소중한 인연 그리고 만남이
눈에 밟힌 초상들이
가슴 아린 상처들이
돕고 싶은 기억들이
불안했던 네 눈동자가
멀리서 보는 그대 미소가
너에게 닿기 위한 세월이
나의 의지를 일으키는
무수한 영상들이
비로소 나 자신과 대화를 나눈다.

도령호수

저 광활함의 끝이
도대체 어디메인가

하염없이 끊임없이
출렁이며 흘러만 가네

숲속향기 품에 안고
춘향을 찾아만 가네

산 그림자 굽이굽이
물빛에 비친 그대는

정녕
호수인가
바다인가.

쑥개떡

손끝의 예술이다
아기자기 빚은
쑥떡의 변신
호떡 같은 절편이
들판의 향기를
물씬 풍기고 있다

어제의 서운함과
오늘의 조급함이
메마른 목젖을
촉촉이 어루만지며
침몰하고 있다

보리 고개의 향수를
한 입 머금은
당신의 얼굴엔
형제들의 웃음꽃이
한나절을 삼키고 있다.

봄날의 수채화

들판에 봄날이 속살거려
손주 셋 이끌고 쑥밭으로 가는 길
잔솔가지 휘저으며 풀어놓았더니
올망졸망 까르르르 재잘거림은
자연 속 풋풋한 행복이었어요

마주치는 눈가엔 궁금증이 많아
자꾸만 물어봐도 싫지 않아
바람 따라 살랑대는 소곤거림
마냥 좋아 순응하는 양들이었어요

노오란 열무 꽃 만져보더니
코끝 향기 덩달아 신비의 눈가엔
유채꽃 나풀대는 나비들과 함께
푸른 봄날의 눈부신 광채였어요

한동안 엎드려 곰살거리더니
어찌나 쑥을 잘 관찰했는지
뽀오얀 쑥들 한줌 잘도 캐내어
차례차례 칭찬을 기다렸어요

야외체험학습이 저절로 되어
버들강아지 요리조리 한들거려
간지러이 까르르르 뒹구는 웃음소리는
한 편의 신선한 드라마 였어요

휘영청 나무 아래 먹여주는 김밥 속엔
듬뿍 사랑이 소리 없이 스며들어
김밥 오물 오물거리면서
열무 물김치 들이키더니
홀연히 튀어나온 우렁찬 목소리
형아 누나 따라 세 살 박이 외쳤어요

할머니 짱
할머니 짱.

순천만 갈대밭

저 광활한 몸부림이
거센 바람의 기운을 다 몰아
와락 상모춤을 휘날린다
상처 입은 영혼들 일제히
파도를 타고 간다

철새 등에 업혀서
도도하게 뽀오얗게
당당하게 꽃마실 흩날리며
솜사탕을 타고 간다

오늘 초대 받은 황혼들도
천상의 향연까지
우정도 사랑도
못 잊어 못 잊어서
추억마차를 타고간다.

밤바다의 봄비

혼자
쓸쓸히
봄비를 맞았다면
월전 밤바다의
봄비가
그렇게
포근하지 않았겠지
분명
비는 내리는데
간지러운 솜사탕이
머리 위
얼굴 위
살포시 앉았는데
천막촌 파도소리에
돌아눕는 장어구이
보쌈에 싸여
삼키는 웃음소리
찰지게 마주 앉은
소중한 인연에
월전 밤바다의

봄비가
그토록
포슬포슬 하였겠지.

철새는 날아가고를 불다

-EI Condor Pasa 오카리나곡-

산에서 내려오는 물소리 속으로
날개 푸드득거리던 세월
배움의 물결에 튕기던 물보라
홀연히 치솟는
저 눈부신 유희 속
손안의 입맞춤만으로는
그대에게 닿을 수 없는
프렌치키스의 나래 짓
손마디 끝에 담긴 촉수와
내 입술의 사유와
내 영혼의 햇살이
딱 맞아 떨어지는
내 일상의 푸른 신호등이다
내가 외로워질 때
내가 상처 받을 때
네가 그리워질 때
널 만날 수 없을 때
아픈 그리움 뿜어 올릴 때
너를 사랑한 댓가로
질주하는 나팔소리
끊임없이 도전하는

내 꿈속의 꿈이다.

카드 인생

우리들의 지갑엔 돈이 없다
돈 대신 각각의 카드가 즐비하다
돈 마음껏 넣고 다니며
잘 살아 온 인생살이가
걱정으로 얼룩져
월말이면 물건들을 산 청구서가
한 치의 오차도 없이
돈을 지불하라며 독촉이다

우리들은 그 언제부터인가
긁은 카드에 숨죽이며
긴 한숨을 토해내고 있다
허나 돈 한 푼 없는 날엔
효자노릇을 하는 카드
팍팍한 살림살이를
떠받쳐주고 있다

잘만 이용하면
상쾌한 인생이다
든든한 인생이다
솜털 같은 인생이다
허나
저당 잡힌 전당포이다.

고로쇠

지리산 계곡 어디 깊은 산속에
큰 키 고로쇠나무의 수액은
겨울동안 폭 들어 앉아 품은
알싸한 천연 이온수
표피에 상처를 내어
뽑아내는 한 방울, 두 방울.....
산모의 영양수액이로구나

홀연히 칼집을 맞아
병원신세가 되는
고로쇠나무의 영혼들
아무런 저항도 못하고
골수의 원액은 저당 잡혀도
하늘은 맑고
강물은 푸르러니
우수수 서로 의지할
그 비밀스러운 산바람타고서
배내골 봄바람 부추기는구나

고로쇠 빨아 마시러 가는 길
초봄의 수액은 약재라면서
꼬불꼬불 영남알프스고개
아리랑 쓰리랑고개
아리아리 쓰리랑
쓰리쓰리 아리랑고개로
고로쇠
술술 잘도 넘어가는구나.

쇼팽의 왈츠를 피아노로

피아노의 시인 쇼팽과의 만남
젊은 날 그의 음악세계에 파묻힌다
이루지못한 첫사랑의 선율들이
자꾸만 내면으로 쳐들어 와
눈을 꼭 감은 허수아비가 된다

청제비의 나래짓으로
건반 위를 퐁당거리더니
야성의 신바람으로
재빠르게 춤을 춘다

사랑했던 '마리아'에 대한
순수한 열정 그 낭만의 감정들이
분수처럼 마구 쏟아지는데
피아니스트의 손가락들 사이로
쇼팽은 살아 돌아 와
모든 시름은 일순간에 사라져
머리 조아리던 여인들은
한 떨기 구름의 서정이 된다

천상의 향연으로 동시에
초대되고 있었다
두리 두둥실 가을 하늘
어느 멋진 날에.

웃음 치료사

활짝 웃게 만든다
행복이 흘러 넘친다
사람들의 얼굴에 핀
화사한 해바라기 꽃
근심어린 우울증 다 물러간다
온 몸으로 웃기더니
온 몸으로 배배 나팔을 분다
절망을 희망으로 이끄는
저 색스폰 사나이 때문에
나는 지금 행복하다

청동관을 통해 울려퍼지는
엔돌핀의 여운들은
음표의 구두를 신고
또르르르 춤을 춘다
한 평생 동안 웃을 웃음이
몽땅 분수되어 마구 흩날린다
엄청 웃다보니 울고 있다
문밖을 나서는 발길 앞엔
희망찬 미래가 둥둥

무지개처럼 쏴악 피어오른다
하하하 호호호 히히히
깔깔깔 껄껄껄 낄낄낄
나는 지금 행복하다.

내가 살아가는 이유 1

저문 들길에 서니
그리운 그대 달려오고
따사로운 햇볕에 서니
정다운 목소리 들려오고
살 물결 강가에 서니
강물 닮은 눈빛으로 오고
팝송이 흘러나오니
옛사랑의 종착역이 되고
피아노 연주를 들으니
야성이 맨발로 춤을 추고
그대 그리워지니
나이를 거꾸로 먹고
무채색 투피스를 입으니
반짝이 브롯찌가 더 빛나고
지난 세월 되돌아보니
번개가 회전을 하고
가는 세월 붙잡아보니
손주들 눈에 밟히고
그대의 디딤돌 다가서보니
흔적도 없이 자취를 감추고
허무를 주워 담은 빈 노트이니
이제 그 무엇으로 채워야 할까.

딸아

요즘 세상에 아이 셋
2남 1녀의 탄생
와아 대박이다

덩달아 바빠지고
이래저래 만물박사가 된다

매일 칭얼대고 난리쳐도
너는 웃을 수 있다

밥을 제 때 못 먹어도
너는 배가 부르다

거울을 안 보아도
너는 참 예쁘다

구석에 곤히 잠들어도
너는 참 평온하다

지지고 볶고 동동거려도
너는 참 행복하다

영혼과 육신 모두
너는 부지런하다

아무리 팍팍한 삶이라도
너는 다 이겨내고 있다

늘상 반복되는 삶이나
너는 소홀할 수 없다

지극한 자식 사랑 때문에
부모라는 숙명 때문에
너는 울면서도
맨 날 웃고 있다.

아픈 그리움

정갈한 모시적삼에
첫눈이 휘날리더라

고추 따는 내 손길이
사르르 떨리더라

머무는 그대 눈빛에
처연함이 가득하더라

꿈이 아닌 생시에
치유의 손길이더라

살포시 앉은 인연에
희망이 넘실거리더라

세월이 맴도는 황혼에
청춘이 꿈틀거리더라

놓쳐서는 안 되는 끈
놓치고 말았더라.

행복은 나로 부터 온다

1
나의 詩情을 포근히 끌어당기며
꼭꼭 숨어 있는 나를 캐낸다
몹시 세찬 바람이
숲 전체를 후려치며 출렁대는
앞산의 신선한 충격을 본다
제발 정신 좀 차리라면서
휘이 휘이 휘리릭
마구 집채를 흔들어댄다
나무들은 생동의 몸짓으로
휘날리면서도 질서 정연하다
절대로 헤어지지 않는 춤사위들
녹색 침묵의 항변을 본다

2
떠나온 것들이 쏜살같다
그리움 아쉬움 애태움 같은 것들이
언제 다 지나갔단 말인가
기쁨과 슬픔들도
눈 깜짝할 동안 스쳐 지난 듯

덧없이 얼룩져 피어난다
사람 사는 일이 아무리 힘들어도
서로 의지하며
용기를 북돋워주니
행복의 고향은 바로 나이다
좀체 식지 않는
나무들의 자화상을 닮는다
열과 성을 다하여
두 손을 뻗친다
오늘 내가 이토록
존귀 하다는 사실과
네 모두를 다아
포옹할 수 있다는 사실과
내 이웃을 가까이
사랑할 수 있다는 사실들이

저 찬란한 산 빛의 메아리로
뒤늦게 날 깨닫게 한다.

물 조은 온천

졸고 있던 나를
마구 흔들어 깨운다
와글와글 뽀글뽀글
용솟음치는
당신 사랑이
졸고있던
나를
마구
흔들어
깨운다
와글와글
뽀글뽀글
용솟음치는
풋풋한
당신
사랑이.

동행

어느결 파도타고
넘실거리는 희망찬 유희가

푸드득거리며 홀연히 치솟는
눈부신 새들의 비상이

힘찬 날개 짓에 튕기는 물보라
소망의 짙푸름 저 환희가

젊음의 나래 휘저으며
훠얼훨 삼라만상 다 털어버림이

그대 곁에 나란히
떠나는 여정이.

새벽하늘 큰 별 하나

난생 처음 바라보는
주먹 만 한 별 하나
여보 저게 무슨 별이지
저토록 맑고 밝은 것이
어두운 밤 하늘가에
홀연히 나타나
외로움을 눈부심 한다

숲속의 고요를 흔든다
순백의 허공으로 미끄러진다
무한대의 정적을 깨운다
인간의 양심을 찌른다

하늘에서 서광이
신의 은총을 부르짖는다
지극히 사랑하라
지금 이 순간을
블랙홀의 인생을 가르친다

깜깜한 여백을 향해
절망의 디딤돌을 향해
뭇사람의 심장을 향해
뭇사람의 이상을 향해
홀로서기 인생을 향해

새해의 다짐을 향해

왕눈이 큰 별 하나
희망 열차를 탄다.

보이지 않는 격려

멀리 있어도
만나지 않아도
너는 나를 위해
두 손을 모운다
어려운 일 다 이겨내고
얼른 힘을 챙기라며
가까이 늘 다독거린다
같은 하늘 바라보며
숲 속 명상에 잠겨 있으니
보이지 않는다하여
결코 무관심하지 않는
널 위해 살아가련다
눈을 감으면
더욱 선명한 빛의 터널
거기 저 어디메 쯤에서
얼른 희망열차를 타련다
어디까지나 너를 위한
너를 향한
그 사랑노래를
다시금 불러본다

만약에.

아우라의 세계를 보다

-기장군청 여성인문대학-

예술속의 인문학 강의실
젊은이 중늙은이 모두 모여 앉아
중세의 벽을 지나 근세로 넘어가며
가장 위대한 역사상의 그림을 본다

다빈치와 미켈란젤로의 보물들
사실주의 그대로인 내면세계로
여인을 성적인 욕망으로 그리지 않고
세계의 기원인 생명력의 근원으로
스쳐지나가는 황금 세월을 들춘다

전경엔 사물을 그리고
후경엔 작가의 사상과 신념을 듬뿍
멀리 하늘을 이고
가까이 내면세계 그대로를
가히 역동적이고 격정적이다

포르노그라피의 세계를 배우니
포르노를 봐도 낯 뜨겁지 않은 이유
그대로의 목적이 숨어 있는
창작자가 뿜어내는 무수한
아우라의 세계 속에 흠뻑 젖어든다.

제 2 부

희망의 엽서

단추 꽃과의 만남

쓸쓸한 길섶에서
방긋이 반기 누나

내 옷보다 고와
자꾸만 보는 구나

하르르 아침인사
내 마음 흔드는 구나

탱글탱글 꽃봉오리
햇살에 구르는 구나

홍 자주빛 눈웃음
실실 웃는 구나

화사한 당신 꽃
잊혀 지지 마라는 구나

끝내 닿을 수 없는 순수
그의 영혼 숨결이로 구나

세상사 회한 하나도
남기지 마라는 구나.

단풍

스스로를 빛내가면서도
분주히 옷을 갈아입고
가을을 떠나려 하고 있다

청춘의 기억을 헤매며
가는 세월 붙잡지 않고
미련 없이 뒹굴고 있다

소소한 잎새들의 바램
아래로 위로 낙엽들 옮겨가며
세상의 이야기 소곤대고 있다

산은 오통 물구나무서서
지상의 인연들과의 만남
차례로 이별하고 있다.

희망열차 4호선

무한대의 원격조정 로버트
컴퓨터 기관차에 올라타던 날
변해가는 신기루 세상에
슬그머니 첫발을 내맡기는 순간
탈까말까 망설이던 나를
냉큼 떠밀어버린 용감무쌍
조마조마 떨고 있는 사람들 표정
달래면서 품에 꼭 감싸 안더니

당신이 바로 운전수야
당신이 바로 차장이야
동래역에서 환승 오라잇
충렬사 지하통과 명장동으로
반여 농산물 지상통과 반송으로
잠깐사이 고촌지나
안평 종착역 스톱 하차
지하도 생생 구불구불
지상도 싱싱 쭈루루룩

아이시절 기차놀이 신바람난다
장난감기차 뚜뚜 지나간다
내가 제일 잘나 가
내가 제일 잘나가지.

국제시보 연재 (2012. 1. 21)

가을날 청마의 넋을 찾아

시인들의 가을 나들이
도심을 빠져나가는데
이쪽은 황금들판 살랑대고
저쪽은 은빛 물결 술렁대고
청명한 가을날
거가대교를 스쳐 지나는데
물밑 공포는 온데간데없이
바다 밑으로 달려간다
뜨거운 태양은
남해바다
수평선에 얼굴을 씻는다

가을날
청마의 시혼을 더듬으려
청마의 향기에 젖어보려
청마의 바다를 마셔보려
청마의 사랑을 닮아보려
청마의 생가에 앉아보려
청마의 들판 길 걸어보려
청마의 뿌리를 의식하려

청마의 무덤을 껴안아본다.

누룽지

어머니가 그립다
그 무겁던 무쇠 솥의 부뚜막이
가마솥 누룽지만 먹었노라던 시집살이
당신의 그 소리 없는 흐느낌이

아이시절 눈여겨 보아왔던
널따란 마당 멍석 위 잔치상
넝마주이 배불리 먹이시던 당신의 손길이
그렇게도 많이 싸웠던 육남매 앉혀 놓고
김치 얹어주시던 구수한 그 사랑이

누룽지 참기름에 달달 볶아
설탕 솔솔 뿌려 주셨던
당신의 그 소리 없는 헌신이

목젖을 타고 내려가는 파도소리
당신의 젖가슴이 늘상 젖어 있었던
파고들었던 기러기 울음소리들
이제 와서 이다지 사무침은
향긋한 당신의 입김이

봄비처럼 깊숙이 스며들어
항시 나를 적시고 있다

첩첩 어둠 속에서도
그 빛없는 빛으로
풍부한 젖가슴으로
우리들의 뇌리 속에
핏줄 속에
스며들고 있다

언제 어디서나 깜빡이는 점멸등
당신의 은혜로움이
그 끝없는 기도가.

석대마을의 2월 노을

해지는 석대마을에
불그스름 꽃물드니
식물농원 겨울 풍경
잔솔가지도 웃는다

으스스 옷 벗은 꽃나무들 사이로
따사로운 봄날이 손짓하는데
하늘 향해 저무는 잘못함들이
벙긋이 우릴 품는다

삶의 진동 뒷짐 지고
늬엿늬엿 떠나려 하는데
쭉쭉 뻗은 야망의 뿌리채
떨쳐버리며 쉬라한다

가는 세월 붙잡지 못해
눈시울이 젖어 드는 사이
휠체어에 기대신 어머님
그 눈물이 생각난다.

깨어 있는 손

자신의 손에는
마음의 눈이 있다
생각은 머리로 하는데
어김없이 복종하고 있다
열심히 정성을 다하는
값진 희생이 있다
저절로 빛이 나는
삶의 열정이 있다
수시로 손해를 보는
베풂의 영혼이 있다
게으름에 핑계하는
얄팍한 계산이 있다
부지런히 일하는
정직한 답변이 있다
갖고픈 욕망을
채근하는 양심이 있다
이웃을 돌아보는
묵묵한 실천이 있다
다 닳은 지문에
뜨거운 입맞춤이 있다

소중한 인연의 끈
우러나는 사랑이 있다
내가 실행할 수 있는
나만의 순수가 있다

너를 잊고 살아 온
세월의 훈장이 있다.

당신 있어

일이 마음처럼
몸에 배며 살고 있다
사람 사는 일에
열과 성을 다하고 있다
사랑과 배려로
물들이며 살고 있다
몇 시간이고
물과 씨름하고 있다
내 손톱들이 움푹
들어간 줄도 모르고 있다
시간과 공간과 촉각을
수없이 넘나들고 있다
어깨 허리 통증에
허수아비 등판이 되고 있다
따신 현미밥에 쑥국에 열무김치
그녀들 눈웃음이 웃고 있다
손주들 앙탈에
퓨전 요리사가 되고 있다
휴대폰 울림을 진동으로
수시로 날 놓치고 있다

흐르는 세월이
까마득해지고 있다
외출을 기다리는 옷들이
옷장 속에 채워져 있다

이 모든 부대낌들이
다 당신 있어
당신 있어서
가능하다는 사실을 깨닫고 있다.

고요마루야 잘 있느냐

오백고지 원동 토곡산 기슭
내포리의 하룻밤을 잊지 못해
가지 끝에 매달린 홍시
망을 보던 까치 기척을 하는
그 통나무집 마당에 앉아
노을과 수다를 떨던
꿈에 부푼 글쟁이들
안개 자욱한 계곡들 끼고서
하늘과 구름 더 가까이
산의 심장소리 들리던
맑은 내포리의 아침 숨결에
다시 헹궈지고 싶다
사박사박 산줄기를 훑다가
구르는 낙엽은 따라 오라하고
서서히 만추는 깊어만 가고
우리네 인생은 흘러만 가고
잎 떨군 가지들 쓸쓸해도
겨울 산의 능선은 따사로워
양떼들 소복이 드러누워
하늘은 온통 숲의 수채화로

산의 정기 듬뿍 흩날리는데
원시마을 아름다운 부부처럼
살고 싶어
웃고 싶어
오늘도
그 살맛나는
풍요의 숨소리
가슴 가득 차고 싶다

고요마루야 잘 있느냐.

내일을 기다리는 동안

그대 마중 나가던
시냇물 젊음과
저녁놀 미소를

수평선 너머 설레이던
은빛 배려와
파도의 유혹을

귀 막아도 윙윙 들리는
내 영혼에
뿌리한 속삭임을

누가 먼저랄까
옷깃을 붙드는
황혼의 간이역을

세상의 흐름 속
연푸른 각시 되어
끝없이 달려 온 미로를

살아가는 그 날까지
두리번거리는
바람개비의 분신을

묵묵히 무시로 잊지 못해
시력의 촉수가 되어버린
물수제비 사랑을

생각하고 있을까
생각나고 있을까
늘 가슴 저편이 시려.

새들의 합창

1
의식과 무의식의 경계를 스쳐지나며
서로의 의사를 타진하는 듯
오늘도 여전히 나를 깨운다
초여름이 울고 있다
누가 새소릴 짹짹이라 했는가
새벽 어스름 삽상한 창공에
무한대의 켄버스를 향해
삐리리 삘삘삘
뾰꾹 뾰뽀꾹
꾸우욱 꾹꾹
또르르 또르륵
끼리릭 낄낄
째재잭 짹짹.....
온갖 울림의 노래를 부른다
온갖 감성을 채찍질한다
온갖 이성의 여운을 다 쓸어모은다
촉각을 곤두세우며 잠 못 이루는
날 위로라도 하는지
내 이명의 파도를 넘나든다
새 아침을 간질이는 속삭임이다

2

그 누구의 구속도 받지 않으니
하늘향한 천상의 보금자리로구나
내가 만약 작곡가라면
오선지 위에다 몽땅
너의 행복을 너의 슬픔을
실낱같이 옮겨 볼 터인데
숲들이 깨어날세라
고고히 수풀들 진동하는
청록빛 잎새들의 청아한 기지개를 보라
끼리끼리 신호를 보내듯이
삼라만상을 향해 요동치는
무한대의 향유를 아는가
눈앞에 살랑대는 숲들의 향연
구름과 하늘은 유유히 머무는데
절대로 부딪히지 않는
신선한 내재율을 아는가

3

산빛 속에 꼭꼭 숨어서
이리저리 함께 어울려 살아가는
내뿜는 그들의 열정을 아는가
이 상큼함 어이 그대에게 전하리
임향한 눈부신 은쟁반의 구슬들을
한데 모아모아 쓸어담는다
너희는 영롱한 내 마음의 고향
삶의 걸망 다 씻어주는구나
그대여
행여 날 만나러 오시거들랑
心中에 스며든 말 한 마디에다
신선한 충격의 새들의 앙탈까지

몽땅 다 품에
안으시구려.

노을

존재 이유마저
황홀했던
당신이
내게 온다면
온 몸을 쪼개어
詩를 쓰리라.

바다가 반짝이는 까닭은

대지가 초목을 기르듯
바다는 희망을 키우는데
잔잔한 살물결이 거센 파도로
풍요로움의 질주로
적막의 기다림으로
펄럭이는 하늘 끝까지
보름달을 데리고 놀기 때문이다

그믐달도 반달도 모조리
서로 쫓고 쫓기면서도
둥둥둥 반란의 북소리로
마음껏 뒹굴며 흘리는 눈웃음 때문이다

청춘시절 돌팔매질 받으면서
수없이 절망하며 원망할 때마다
바다는 묵묵히 날 받아주기 때문이다

순간에도 수 백 번 죽고
순간에도 수 백 번
탄생하는 그 빛 때문이다

풋풋한 꿈으로 질주하는 뇌수 속
무수한 별들의 고향이기 때문이다

밤마다 간절한 그리움으로 반짝이는
마도로스의 눈물이기 때문이다

아침마다 눈부신 태양을 품에 안고
그대 사랑을 포옹하기 때문이다

아무리 거친 파도도
무서운 해일도
어느새 톡톡 잠재우는
저 폭 넓은 어머니의 품속이기 때문이다.

그래도 그게 어디냐

어느 날 벽지 위에 쓰여 진 글씨체
짧은 문장을 쓴 당신도
읽고 있는 나도
분명 위로 받고 있다
빙그시 웃는 쓴 웃음
살아 있다는 것만으로도
마음의 상처를 어루만지라 한다
튼실한 육신을 만져보라 한다
마음 착한 자식들을 바라보라 한다
오동통한 손자들을 껴안으라 한다
가끔씩 날 사랑하면서
가끔씩 널 음미하면서
소리 없는 행복을 추스르라한다

그래도 그게 어디냐

내 마음을 달래는
이명의 속삭임
먼저 간 친구도 있지 않느냐
날 생각하는

성숙된 마음으로 살아가라 한다

삶의 걸망
접어 두라한다
내일의 희망 한 줌
불러 일으키라 한다.

태극기가 유난히 펄럭거렸어요

-2011. 8. 15 광복절-

하늘 향해 바람을 치듯
온몸으로 말하는 태극기를 보았어요

36년동안 압박된 한민족의 한을
통쾌히 하늘 향해 휘날리고 있었어요

천이 찢길세라 걱정이 되어 보니
절대로 접히지 않고 빳빳이 휘날렸어요

광복 66주년 아침부터 밤까지
끊임없이 마구 휘날렸어요

낮잠에서 깨어난 나 자신이 부끄러워
저 소리 없는 아우성들에 눈을 꼭 감았어요

태극기가 바람에 마냥 휘날리는 줄 알았지
저토록 힘차게 칼바람을 후려칠 줄 몰랐어요

깃대와 깃봉은 벌벌 숨도 제대로 쉬지 못하고

용감한 기폭을 꽉 떠받쳐주고 있었어요

평창동계올림픽 유치와 유엔사무총장 연임
슈퍼스타 K팝의 열풍을 향해 박수치고 있었어요

아리랑의 魂을 간직한 무수한 기적들을 향하여
전 세계인이 우러러보는 한민족의 영광을 향하여
희망찬 미래를 줄기차게 내뿜고 있었어요

내 눈 속에서 잊지 못할
영원한 우렁참이여
저 소리없는 아우성이여.

사랑의 짜장면

내 고향 영도에서는 지금
봇물처럼 사랑이 샘솟고 있다

넘쳐흐르는 봉사의 물결이
봉고차 한가득 쌀자루와 양파를 싣고
맨 처음 베풂을 시도한 그는
아이시절 너무 배가 고파서
양껏 짜장면 한번 먹어보려
무작정 상경 중국집 보이로
40평생을 짜장면 하나로
집념의 서러움 삼켰던 세월
그땔 돌아보며 나누는 마음이
은물결 바다에 진을 치고 있다

이젠 업소마다 똘똘 뭉쳐서
2주마다 수백 그릇씩이나
밀가루 아닌 쌀로 만든 짜장면이
독거노인들과 불우 이웃들에게
술술 허기를 달래고 있다

뽀드득 찰진 면발들사이로
잊지 못하여 잊을 수 없어서
하나 둘 꾸역꾸역 모여드는 사람들
고소하고 달콤함 삼키고 있으니
훈훈한 인생의 향기 피어오른다

찬바람에 얼어붙은 겨울 발걸음
영도 고향바다 훈훈한 인정들
친구들아 고향에 오거들랑
서로 마주 앉아 오순도순 모여서
넘치는 사랑을 후루룩후루룩
우리 서로 고향바다 품에 안겨서
실컷 배불리 웃어보자꾸나.

내가 살아가는 이유 2

늘 자정을 기다린다
하얀 여백이 날 기다린다
밤의 고요를 가만히 느낀다
새벽 그 조요한 자유를 즐긴다
편안히 앉아 써내려간다
낮에 스친 순간을 떠올린다
뇌수 속에 각인된 영상을 캐낸다

그 눈동자 속
표류하는 돛단배를 더듬는다

무한한 즐거움의 포로가 된다
32개월 손자와 데이트를 한다
폭신한 놀이터에서 아이와 축구를 한다
천진함 속에서 질주하는 어른을 본다
따스한 온수를 마구 껴 얹어 준다
미끄럼 타는 물방울의 간지러움을 본다
오색 파프리카를 낱낱이 잘게 부순다
잡곡밥과함께 눈으로 야채를 골고루 먹게 한다
밑 빠진 독에 물 붓기를 계속한다
아끼고 절약함이 날 떠난 지 오래다.

제 3 부

개똥밭에 굴러도 이승이 낫다

실로암의 겨울비

어느덧 앙상한 겨울 산
하이얀 가지만 흩날리고
너를 떠나보낸 아쉬움은
실로암 山 어디쯤 흩날리고
희미해져가는 네 미소
내 가슴에 흩날리고
널 부축하던 겨드랑이는
아직도 온기에 흩날리고
흰 국화 알갱이 뿌려진 흙
뜨거운 비눈물에 흩날리고
찬바람에 얼어붙은 우정
낙엽의 속삭임에 흩날리고
손주 셋 나랑 똑 같다던 푸념
발아래 쓸쓸히 흩날리고
너희 딸 쓸어내린 모성은
눈물과 탄식에 흩날리고
야속하게 멀어져간 미련은
세월의 질주 앞에 흩날리고
김장철만 되면 입맛 다시던
저무는 한 해는 흩어지는데

실로암의 겨울비 맞으며
널 잊지 못해 내가 흩어지고.

ㄱ자

휘영청 달그림자
꾸부정 할미 그림자
땅만 보고 뚜벅뚜벅
훑는 삶 스쳐가네

허리 한 번 제대로
펴보지도 못하는 삶
젊은 날 맺힌 땀방울
훔치면서 한숨 쉬네

모로 밖에 누울 수 없는
통증의 허리춤이네

하늘 한 번 못 쳐다 보는
값진 희생이잖소

눈물로 얼룩진
세월의 恨이잖소

내 발길 동여매는
존경스런 모습이잖소.

천번 만번

두 손 모우면
기도 속에 있네
보이지 않는 세월 속에는
인연의 끈으로 다가오네
따사로운 양지에서는
정다운 미소를 보내오네
살물결 강가에서는
강물 닮은 배려로 날 씻기우네
저문 들길에 서면
그대 목소리 들려오네
마음 문의 빗장을 열면
짧은 꿈의 광대로 달려오네

홀로서기 인생의 무대
그대 내 가슴에 있네.

오만 원 지폐같이

빳빳한 자존심의 신사임당
지갑 속에 있다는
사실만으로
든든한 발걸음으로
양손 가득 해맑음으로
아이들의 포만감으로
애교의 눈빛으로
수그러지지 않는 용기로
냉큼 달려오는 표정으로
세상을 향하는 눈웃음으로
너와의 경계를
허물어버림으로
꾸준히 보내는 격려로
그렇게 세월은 흘러감으로
행복은 가까이 있음으로.

그런 친구들 가졌는가

내가 그 누구 앞에서도 악보만 있으면
오카리나 몇 곡쯤 불 수 있음은
바로 그런 친구들 때문이었다
오랜 세월 배웠다고
그리 혼을 다해 불 수 있겠니
아무리 많이 불었어도
그리 술술 잘 불 수 있겠니
그들을 만날 생각만하여도
벌써부터 내 맘 두근거렸다

지난 봄 첫 만남이 있었던 날
잊을 수 없는 '자전거'와 '아리아' 선율은
날 흥분의 도가니에 빠뜨렸었지
청각과 시각은 이미 날
무대 위의 삐에로로 만들고 말았었지
빙그레 웃게 되었지
눈감으며 행복했었지
날마다 열심히 살게 하였지
누가 시키지 않았어도
난 그들의 영양사가 되었지
진국의 신토불이 토장국과

갓김치 쪽파김치 멍게비빔밥
알타리와 함께 엮어지는 두레밥상
보글보글 된장찌개 끓일 때 마다
생각나는 눈웃음들 잊을 수 없었었지

또박또박 진솔하게 가르쳐 준
참 스승인 내 오카리나 친구들
너희가 전수한 잊어서는 안 되는
그 진한 향기 때문에
손가락 하나 둘 맞닿았던
그 소중한 지식들 때문에
내 어설픈 지큐의 흔적들은
행복할 수밖에 없었었지
지금도 악보를 보아야하지만
그래도 삐리리--- 삐리리릭---
천재 오카리나 그 친구들 맨 뒤에서
함께 따라 연주할 수 있다는
그 자신감이 어디니
오늘 그 놀라운 여인들을 만나러 가는 날
내 발걸음은 춤을 추고 있었었지

그런 친구들 가졌는가.

실수

차마 그리웠다는
그 말 한마디
끝내 하지 못하고
돌아서버린
찰나.

어떤 위로

연녹색 저 여린 잎새들
이리저리 손짓하더니
벚꽃 분분한 낙화사이로
산 꾀꼬리 울어오더니
꽃피면 산에 가고
뛰어가고 쫓아가고
달음박질 쳤었지
콸콸 쏟아 붓는
덕유산 계곡 폭포
단숨에 달려 온
청춘의 함성이었지
피 끓는 젊음이었지
요동치는 맥박이었지
뜨거운 심장이었지
눈 깜짝할 사이
가을은 아무도
눈치 채지 못하게
분주히 단풍으로
옷을 갈아입더니
사각사각

사르르르
구르는 낙엽은
따라오라 손짓하고
우리네 인생은
흘러만 가라하고
산바람 타고
고공하는 낙엽들
만추의 흐느낌이었지

지하도계단 올라감이
한참을 서성거리니
나이 들면 다 그러하듯이
누구라도 그러하듯이
그렇게 위로하고 있었지.

스마트폰

너는
두 손안의 즐거움이다
배터리만 충전하면
액정화면에 꽃이 핀다
그것은
바로 생존의 항로다
앉으나 서나
시도 때도 없다
쏟아지는 정보의 물결
신기루 세상의 마우스 터치
마주 앉은 지하철 안 풍경
서로 한 번 쳐다 볼 여유조차 없다
차안에서 문서를 작성하고
집에 가서 교정을 본다
온통 삶의 열정을 쏟아 붓는다
친구와의 정담에 웃기도 하고
애인과의 밀어에 다소곳하기도
무심함에 투정을 부리는 듯
보살핌에 격려의 손놀림들
밀린 서류를 맞춰보는 순발력
깨알 같은 영문 원서 암기하느라.

곁에 앉은 나도 진땀이 난다
뚜뚜뚜뚜 드르르륵
쉴 새 없이 무엇인가 타전을 보내는
손가락의 지문들은 눈 코 뜰 새 없다
착신과 수신이 백퍼센트로
한꺼번에 그대 곁으로
세상은 요지경
지하철 4호선의 신비경
무인승차의 철로처럼
척척 알아서 대령해 준다
손가락을 살살 폈더니
사르르륵 커지는 손자 얼굴
손가락을 슬슬 오므렸더니
스르르륵 사라지는 당신
보고 싶을 때 마다
꺼내 보는 필름의 영상들
카메라의 자존심마저 뭉개버리는
너는
화사한 꽃이다
애 띤 소녀시절의 꿈
내 가슴팍으로 오롯이
달려오는 사랑의 종착역이다.

난생 처음 고랭지배추를 먹다

소중한 그 어떤 인연 때문에
오늘도 만남이 빛나고 있다
함양 칠백고지 산속의 청량함
청정 공기 이슬 흠뻑 맞으며
네 숨소리는 하늘에 닿아
아삭아삭 사각사각 거리는 구나

내 김치솜씨 좋은 줄 어찌 알고서
여기 부산 기장 청강로까지 왔느냐
포기 작아도 결이 얇아 짙푸르니
단숨에 그대로 쌈 싸먹는 구나

얇고 여린 네 숨결 청정함 그 자체
게다 온갖 정성 갖은 양념 버무리니
난생처음 맛보는 감칠맛이로 구나

혼자 먹긴 정말 아깝지 않느냐
내일은 배추를 선사한 남친에게
모래는 팔순 노모 모시고
열심히 운전하며 살아가는 여친에게
글피쯤엔 누구에게 가야하지.....
참 소중한 그 분 셋 기다리는 구나

지리산 된장국 갓김치 맛에 푹 빠진
맨날 남을 웃겨야만 쫓겨나지 않는
무대 위 삐에로 그 직장의 청년들도
잠자는 시간도 모자라가며
하루 온종일 좋은 물건을 팔기 위해
새벽시장 생물을 사 씻고 닦고 진열하기 바빠
제 때 밥도 못먹고 동동거리며
전화 받을 시간도 없는 슈퍼 주인
남동생도 날 기다리는 구나

실컷 잠 잘 수 있고 놀 수도 있고
맛있는 음식 잘 만들 수 있는
어머님 솜씨 그대로 물려받았으니
하늘에서 내려다보시는 큰 은혜
베푸는 삶 그대로 닮으라는 구나

돈으로 살 수 없는 인생의 향기
이 밤 잠 못 이루는
기쁨이 차올라
하이얀 여백만 채우는 구나.

쑥차

삽상한 가을 날
거친 마음 달래며
쑥향을 마시는데

죽성 들판에 엎드려
한참을 눈 맞춤 하다
해 기운 줄 모르던
너는 나의 술래
나는 너의 포로

낚아챔의 희열이

뽀오얀 때깔의 보약
해풍에 흩날리는 게
어디 쑥 뿐이랴
머리부터 발끝까지
온 전신을 훑어
휘익 쓸어 가 버리는

그 쏜살같은 세월이.

죽성 마을버스를 타면

1
항상 도심을 벗어난 녹색의 향연이다
들판사이로 나무 그늘 사이로
눈은 먼데 하늘을 이고
구름 따라 꼬부랑 산길을 스친다
흐르는 잎새들 날 훑으며
일상의 탈출이 이토록 싱그러울 줄
마을버스에 기대어 앉아
바퀴에 나래를 달고
나도야 산천의 구름이 되어
시원스런 들판의 바람이 된다

2
무언가 다 내던져버리는 허공
봄이면 연록색 간지러움들 누비며
여름이면 짙푸른 수목들 헤치고
가을이면 갈색추억 돌돌 몰아가면서
겨울이면 쓸쓸히 바다가 잉잉거린다
주변 풍경들 서성거리다
어느새 죽성 언덕 노송아래 앉아

마구 흩날리는 머리카락사이로
오순도순 쑥 캐던 그 시절이
엊그제 같은데 다 어디로
고향바다 그리움 흠뻑 마신다

3
단숨에 치닫던 마을버스바퀴처럼
냉큼 스쳐가던 청제비 나래처럼
눈 깜짝할 사이
흘러가버린 청춘들이
황혼을 채 느끼지도 못한 채
황혼이 되어버린
희미한 의식 앞에서
이제는 꿈꿀 세월조차 모자라
뒹구는 낙엽만 바스락 밟는다.

이기대 찬가

푸른 바다 바라보는 가을 햇살 아래
소나무 숲길 사이 동백 숲속 이기대
초소가 뺑 뚫린 해변을 돌아본다

문학인들과 앞서거니 뒷서거니
짙푸름에 눈을 씻고
광활함에 귀를 연다

저 멀리 수평선 가득 껴안은
몽실 구름들 켜켜이 웃고 있고
자갈마당 간질이는 소리
물거품 흩날리는 파도가 달려온다

하늘에선 푸른 비행이
난생 처음 바라보던 옛 시절로
바다를 뒤흔들던 원시 울음소리
새지리의 날갯짓을 또 본다

내 고향 감지해변
그 파도가 달려온다

정다운 얼굴들
그리운 추억들이
가까이서 찰싹거린다

바다의 용맹은 그대로인 듯
심신을 달래는 한숨소리는
길게 흐느적거리는데
한 치의 삐뚤림도 없는
긴 수평선은 저토록
팽팽한
팽이채를 돌린다.

택배로 부쳐온 수묵화 그림들

-수묵화가 벽천 하영상-

1
난생 처음 받은 무거운 앨범 한권
단숨에 넘길 수 없게 만든다
詩書畵 세 박자가 아우러진
우리 선조들의 차림새이기 때문이다
한 장씩 음미함은 흠뻑 시의 물결이다
십년지기 문학 동인으로
2010년 가을 인사동에서 펼쳐진
수묵화 전시회는 성황리였다
그는 시를 쓰는 시인이다
그는 한시를 그리는 서예가이다
그는 장구를 치며
흥을 돋우는 판소리꾼이다
강단에서 수묵화를 가르치더니
한때는 수술로
건강을 되찾나 싶더니
그 언제부터 명작들을 그려왔는지
그의 화폭들은 단원 김홍도를 닮았다

2

달마의 모습 곁에 즐비한 漢詩를 보는데
뜻은 몰라도 풍기는 은유와 상징으로
수묵8폭 병풍은 신비에 싸여 있었다
마치 그는 달마와 얘기하는 듯
사바세계를 붓끝으로 내뿜고 있었다
조선시대 장날의 진풍경은 10폭병풍으로
사람들이 장사하는 갖가지 형상은
살아 움직이는 윷놀이 장단으로
한바탕 노는 우리네 인생살이이다
수천 명의 형상을 어찌 다 그렸는지
인고의 세월은 얼마나 길었는지
대나무 아래 스님들이 걸어가고
벚꽃 만발한 꽃길은 연분홍 물감으로
노송 아래 피리 부는 선비들
노인이 지팡이 짚고 호랑이를 업은 그림
소싸움으로 미련한 세상사를 풍자한 그림
노송가지에 그네 타는 풍경
함축과 절제로 석양빛이 머문다
현대미술의 범람 속에서도
전통을 이어받은 풍자와 해학의 세계
신선을 꿈꾸는 수묵화의 화가
그의 그림 속에서 살으리랏다.

꿈꾸는 자전거

가벼운 MTB 한 대 쯤 마련되면
훨훨 집시처럼 떠나고 싶다던 당신
바람의 희열을 가르며
바람아 난 달리고 싶다
해운대 달맞이 고개 넘어 장산까지
광안리 해변에서 송정 지나 장안사까지
꾸준히 반복된 실력으로
청춘도 반납한 칠순 넘은 나이에
드디어 무전여행 떠나고 있다
지리산 노고단도 자전거로 오른 당신

비록 달리다 쓰러진다 하여도
사랑도 미움도 다 던져 버리고
휴전선 최북단 통일 전망대까지
삼척과 울진 영덕 까아마득한데
일주일 동안 펼칠 온갖 풍상의 삶
지도를 펼치며 훑어보는 떨리는 결
눈비에 젖었다며 실려 온 추운 음성
동해안 파도소리 귓가에 울려오듯
“내 살아봐야 얼마 더 살겠노”
인슐린 펌프를 가슴에 매달고서
이 세상 끝까지 달려보고 싶다던 당신.

꿈꾸는 자전거들

그들은 마침내 안식을 거절했다
언제 끝날지 모르는 방랑의 길로
훌쩍 떠나버린 야망의 당신
속초에서 동춘 페리를 타고
북방항로인 자루비노항으로
밤배에 실려 가는 풋풋한 청춘들
언젠간 백두산 천지를
운 좋게 보았다며
흥분된 목소리 깡충거렸다
북한 땅도 밟아보고
검문서도 통과하고
광대하고 황폐한 그 중국 땅까지
바람처럼 날아 가
구름처럼 쉬어 가
그 끝없는 대륙을 횡단하는 당신

순행과 역행의 질주 앞에서
나이를 까먹은 대한민국 사나이들
맹렬하게 질주하는 꿈꾸는 자전거들
그 당시 중국엔 홍수가 범람하여

행여 불안한 마음 기다리게 하던 당신
이념의 깃발아래
똘똘 뭉친 집념의 사나이들
자전거도 늙어 힘을 못 쓴다니
새 자전거 한 대 더 마련하여
15년 세월 동안 지구 두 바퀴 반만큼
십 만 키로를 가리키는
저 계기판 좀 보게나
부지런한 주인에게
힘찬 격려의 박수를

바람아 난 달리고 싶다
가벼운 페달링에 청춘을 내맡긴 채
꿈꾸는 자전거에 마냥 실려서
이 세상 끝까지 달려보고 싶다던 당신
그렇게도 가고 싶어 하던
시베리아 바이칼 호수 끝까지도.....

내가 살아가는 이유 3

소중한 인연 그리고 만남을 실천한다
콜택시로 달려가 한 잔의 차를 나눈다
필요한 정보와 함께 건강한 음식을 베푼다
밤새 쓴 인고의 시 한편을 읊조린다
술술 명시를 암송하는 미래의 시인을 바라본다
피아니스트가 슬그머니 원고를 내 놓는다
"등산과 마라톤"의 느낌은 바로 수필이다
내가 그의 수필을 낭독함에 희열을 느낀다
돌아서는 발길에 삶의 충만함이 굴러간다

학골역의 도사 보물친구를 그린다
고이 보내 준 소포를 즐겨 뜯는다
옛 팝송으로 내 맘을 달래려한다
깨알 같은 우정의 글귀 쏟아져 나온다
수북이 쌓인 너의 편지를 꺼내 본다
흘러간 아이시절 함박웃음이 번진다
진한 위로에 젖은 눈동자로 머문다
핸들을 돌리며 살아가는 친구
놀아도 살 수 있는 고마움이 전달된다
너와 너를 만나려 단숨에 달려간다

날 빛내 주는 그대의 창에 메일로 보낸다
즐겨찾기에 "밭도랑 이야기"를 클릭한다
항상 감사의 눈빛으로 날 살아가게 한다
눈을 감으면 다가오는 영상들 다 쓸어 모은다
내 밀실에 엎어져 새벽의 여명을 감지한다
오늘도 그 무한대의 정적을 탐닉한다
한편의 시를 잉태하기 위해 날밤을 지샌다
새벽으로 가는 창작의 기차를 즐겨 탄다
나를 사랑하는 그대들의 아침이 된다
항구의 연락선 이별의 손수건이 된다
나부끼는 웃음을 종착역에서 흩날린다

겨울바람 조차도 내 앞을 비켜갈꺼야.

제 4 부

나눔의 온기

세월

다시는 돌이킬 수 없는
시절인 줄 알면서도
다시금
되돌아가고 있는
인생의 무대이다.

빛나는 이름 봉생奉生

증축된 봉생병원 지붕 위에
빛나는 이름 두 글자 奉生
봉생병원 외과병원 원장 故김원묵박사
당신이 못다 펼친 후광의 하늘아래

생명을 떠받든다는 소중함으로
생명사랑과 생명존중으로
지역 주민의 건강 지킴이
빛과 소금으로 거듭나고 있다

고통의 환자들
치료할 수 있도록
물려받은 귀한 생명
모니터링 분석을 통한
철저한 토론과 향상됨이 있다

앞에서 끌어주는
따스한 의술로
뒤에서 밀어주는
간호사님들의 손길로

열심히 연수과정의 실천으로
소통과 상생의 과정이 있다

오늘도 봉생으로 온 편지 속엔
치유된 환자들의 환한 미소가
감동의 물결로
어스름 꼭대기 두 글자로
크나큰 은혜 속에 빛나고 있다

奉生.

일주일 후의 약속

미리 약속 날짜를 정해 놓고
7일을 기다린다는 건
무미건조한 삶에서
참 행복한 일입니다

하늘은 내게
죽마고우처럼 만나
해맑은 미소로 다가가
정성 깃든 음식을 나눠
참 행복한 기쁨입니다

당신들과의 만남이 어색하지 않고
그대로 마음에 전달된 향기가
내게도 흥건히 머물러 있어
항시 도전과 열정으로
오색파프리카를 볶고 있으니
참 행복한 즐거움입니다

오늘은 알로에의 쓰임을
선물로 포장하고 있으니

슬픔은 기쁨으로 탈바꿈되고
콧노래는 빛의 파장으로
참 행복한 女人입니다

내 입술의 오카리나 선율은
따뜻한 情의 나래 짓으로
그대와 나의 품속에서
훨훨 나비효과를 발산케 되니
참 행복한 약속이었습니다.

새벽을 여는 기장사람들

다시금 탄생하는 파도의 본성이
어디 한두 군데야 말이지
해풍에 건조된 다시마
저인망 어선에 거둬들인 멸치 떼
똑딱선 앞 다투어 낚아 올린 갈치들
오동통 누워있는 납세미 천국들
부지런한 미역들은 산모들의 진품이다
열심히 살아가는 저 모습들
진국이라며 소리치는 한마당
덤으로 주면서 웃고 있는 기장사람들
자고나면 변화무쌍 왁자지껄 기장 시장
삶이 무료한 사람들아 기장에 살으리랏다

기장 앞 바다는 갈치들 놀이터이다
해동 앞 바다는 쪽빛 물감이다
용궁사 108계단은 번뇌의 해탈이다
대변항 멸치털이는 신바람의 극치이다
이동바다 다시마는 캉캉 춤의 치맛자락이다
죽성바다 갯바람은 기장미역의 자존심이다
임랑바다 금모래는 갈매기의 휴식처이다

일광바다 해수욕은 이국의 정취이다
월전바다 파도는 장어구이의 몸부림이다
칠암바다 붕장어는 남성의 활력소이다
학리바다 가자미는 최상의 선물이다
문동,문중바다는 초자연의 바람이다

어야디야 어야디야 어절시구 저절시구
멸치 갈치 풍년은 은빛의 향연이다
옹혜야 옹혜야 에헤에헤 옹헤야아
폭넓은 어머니의 가슴팍이다

연화리 유채밭이 살랑대는 봄이면
만화리 들판엔 연초록 하품소리
일광산 아홉산 달음산 봉대산 정기아래
기장 팔경이 넘실대고 있다

큰 기장이 활짝 가슴을 펼친다
넉넉한 기장이 당신을 기다린다
따뜻한 기장이 만인을 포옹한다.

친구 때문에

밥을 먹지 않아도
눈을 감고만 있어도 행복했었다

아이시절 필통 속에
나누어쓰던 지우개처럼
소곤거리던 속삭임들 때문에
그저 몸 둘 바를 몰랐었다

책값에 보태 쓰라며
계좌번호에 찍혀져
수시로 은행에 가보라던 머스마
동그라미 한참 헤아려 보게한
동창회서 반짝거리던 머스마
빙그레 손 내밀던 가시나
진한 우정 때문에
눈물이 핑 돌았었다

언젠간 구겨지지 말라며
찢겨지지도 말라며
풀 먹인 삼베 마직포에

싸인을 요구하는
택배 아저씨너머로
놀란 가슴 움켜잡았을 때
깨알 같은 편지 속에 꼬옥 끼어서
날 당황케한 수표 한 장 때문에
떨리던 심장박동소리는
내 평생 잊을 수가 없었다

날 위로하면서
수고 했노라며
다독이며 칭찬하는
수채화 같은 서정시
너가 바로 시인이더라
몽땅 다아
내 가슴 속으로
와락
내 품속으로
난 그만
펑펑 울어 버렸다.

어떤 청년들 속에

먹고 살기 위해
동분서주
광대가 되어야만 하는 일자리
피 끓는 젊음들 속에
부리부리한 눈동자 하나
예사로운 눈길로 살펴보는데
그는 항상 웃음 가득 차다
하늘아래 피붙이 하나 없어도
그늘 한 줌 없이
어찌 그리 잘 자랐느냐
너와 내가 만난 것도
소중한 인연이기에
정성스레 담근 여수 돌산 갓김치
맛깔스런 사랑을 듬뿍 담았으니
톡 쏘는 그 맛에 반했는지
구수한 토장국에 반했는지
내게 함박웃음을 건네는구나
엄마 손맛에 길들여진 내 자식들은
그 갓김치가 그렇게 맛나는지
아는지 모르는지 살아가는데

평범한 갓김치 하나가
어떤 청년들의 오감을 자극시켜
감탄사를 연발하고 있으니
오늘도 내 발걸음의 향방이
그 청년들에게 가고 있는
가득한 기쁨으로
충전되고 있었다.

행복은 내일로 미루지 마라한다

한여름 얼음골 사과를 꼭 껴안은 여인들의 입가엔
함박웃음이 당근과 함께 큼직한 사과에서도
녹즙의 꿀물이 쭈루룩 흘러흘러
한참을 잊고 살았던 건강 녹즙을 마시며
사랑을 들이킨다
배려에 감사한다
낮잠도 자지 않고 학교로 모여든다
건강을 위해 손뼉을 친다
행복한 노래를 부른다
청춘을 되돌리며 공부한다
건강강의를 귀담아 듣는다
남은 생을 위해 묵시록을 쓴다
젊은이도 중늙은이도 늙은이도
모두 아이가 된다
머리 맞대며 고심하던 저 모습들이
순식간에 화사한 얼굴이 된다
오직 진실 하나만으로
그들을 영접하는 그 편안한 자세
진수성찬 그 솔깃한 밥상 앞에서
한 가족 사랑의 품속이 된다

오늘 너와 내가 만난 것도
다 스쳐지나가는 인연의 끈이지만
언젠가 헤어져도 잊지 못하겠지
맨 뒤에 앉아 덤으로 행복한
나 자신을 바라보면서
세상을 위해 보탬이 되고 싶은
여인들과 함께 지금 이 순간
행복은 마음으로부터 시작하는 것을
다시금 깨달으면서 웃음 뒤에 딸려오는
건강한 어머니들 쏟아진다
살면서 이토록 흥미로운 나날들이
그 언제 있었더냐
마치 저당 잡힌 지남철의 선로 위
그들은 그의 포로다
열정 가득 찬 한 사나이 때문에
엄청 재밌었던
진짜의 여인들아.

다롱이의 보금자리

바다도 아닌 것이
江도 아닌 것이
앞뜰엔 눈부신 물결이
뒤뜰엔 포근한 산자락이
오롱 못에 폭 싸여
끝없이 출렁대며
주인의 지문을 기다리는
물 위의 집
뭇사람을 홀린다

어디서 날아 왔는지
뒤채까지 쳐들어 와
앙증맞게 종종대던
초롱 산새 한 마리
함께 놀아달라며
안채를 훔쳐보더니
어느새 마당으로
유혹하는 은방울소리
시각은 출렁출렁
청각은 뾰롱뾰롱

한나절은 온통
미끄러지는데
떠나기 싫어서
떠나기가 싫더니
눈 감을 때마다
날 실어다 준다

앞마당 노송아래
두레밥상 차려놓고
텃밭의 상추 뽑아
우정을 쌈 싸먹고
잔물결 반주 삼아
청정을 퍼 마시고
다롱이는 산울림 따라
오카리나를 펴 올리니
널 잊지 못해
잊을 수가 없어서
인연을 핑계 삼아
계절을 넘나든다.

피지사랑방은 청옥 빛

1
무슨 색깔이라 할까
말로 표현하기 힘든 바다 색상을
청옥물빛이라
할 일이 많은 내게도
그 물빛이 잊혀 지지 않아
문득 당신들을 떠올려 보겠습니다
남태평양 피지바다 가슴에 품고
아름답게 살아가는
당신들이 부러워서입니다
하늘 아래 푸른 별의 바다를
흠뻑 마시고 사셨기 때문입니다
잠시 동안 내 눈동자 속에 각인된
이글거리는 눈빛을 못 잊어
아소산의 분화구를 훔쳐 본 찰나 여행

훌쩍 다가 온 노년의 삶이
여고시절 우리들 곁으로
청옥 빛 색감 속으로
차분히 떠나고 있었습니다

자식들은 대기하는 눈빛으로
늙으신 부모님을 지키고 있었습니다
육신은 변색되어 흩어지는데
영혼은 중심을 잃지 않았습니다
극과 극으로 공존하면서
소중한 빛으로 서로를 얼싸안는
동행의 길이었습니다

이토록 눈부실 줄이야

2
그것은 아마도 남태평양 피지바다
그 진주 빛 영상과 흡사했습니다
얼른 밭도랑을 클릭해 놓고
숨어있는 피지바다를 펼쳐보겠습니다
이미 당신들 가슴 속에 물들어버린
눈부신 세상을 캐 보겠습니다
청아한 선율의 파도소리 듣겠습니다
후덥지근한 삶은
썰물이 되어

싱그러운 삶은
밀물이 되어
그 모두를 포옹하겠습니다
바다가 통째로
짙푸른 별이 되어
하늘 아래 파도를
밀치면서 달려오고 있습니다
뇌수 속을 헤엄치는
잊을 수 없는 눈빛으로
잊혀 지지 않는 커피 향으로
당신들의 뇌리에 살아있겠습니다
아소산 분화구 청옥 빛 물결은
오늘도 날 멍하게 정지합니다
형형색색으로 물든
피지 바다의 노을 또한
내 가슴 속의 소용돌이로
끊임없이 흩어지고 있습니다

이토록 날 유혹 할 줄이야.

대나무 껍질에 싸인 보이차

무역상을 하는 죽마고우로부터
택배로 부쳐 온 보이차
머나먼 중국 변방에서 날아 온
귀이한 보이차를 어루만진다
여러 지방에서 생산된 차를
차시장에서 모아 출하하므로
푸얼차라는 내용과 함께
보이차의 효능을 읽어본다
문종이 속 덩어리를 잘게 부수어
조금의 찻잎을 다관에 넣어
끓인 물 부어 이 삼 분
처음 우려낸 찻물은 버리라
그 다음 여러 번 우려 내 마신다
위를 보호 항암효과 혈압도 내리고
지방과 콜레스테롤이 분해되는 효과로
애용하는 사람들 늘어만 가는데
품질 좋은 보이차는 구하기 힘이 든다
옅은 홍색에서 심홍색으로
차차로 변해가는 찻잔의 마술 앞에서
마시는 입술은 호강을 한다

따뜻이 목젖을 타고 가슴 속으로
진한 우정이 넘어가는데
우리 서로 나누어 마시고 있는
그들의 고마운 눈빛까지
아롱져 오는 그 향기
보이차의 인연 때문에
오늘 밤 나의 행복지수는
최고조에 머물러
마시는 이 밤 내내

행복한 강물이 된다.

황홀한 무지개 피어오르던 날

2012. 3. 3 오전 9시

싸늘한 아침시각
비가 오는 듯 마는 듯
햇빛은 잠시 어디로
갈까 말까 망설이다
떠나려 하는데
난생
처음
보았습니다
시작과 끝이
동시에 공존하는
생생한 무지개를
바로 머리 위서
쑤욱 쓰으윽
두리 두둥실
그만
할말을
잃었습니다
그 비밀스러운
하늘의 수채화를
낱낱이

훔쳐보았습니다
빨주노초파남보
황홀한 당신과
눈 맞추느라
그만
갈 길을
잊었습니다
늦은 귀가 시각
"아버지 교사 발령 났습니다"
세 자녀를 둔
어설픈 어미가
절망을 희망으로
이끄는 목소리
어미가 돌아 올 때 까지
하늘이 내게 안겨 준
그 찬란한 무지개의
아우라였습니다.

소중한 인연 그리고 만남

1
인연의 향기는
끝없이 펼쳐져 나갔다
스쳐지나가는
인생이지만 소홀하지 않았다
정성스레 준비한 음식 앞에서
그들은 훈훈하였다
예전에 미리 그래 왔듯이
그들은 이미 아는 사이였다
대구탕 삼키며 나누는 담소는
소중한 인연으로 다가와서
고향의 향기를 품고 있었다

2
시인도 아니면서
50여 편의 시를
술술 암송할 수 있다며
詩 한편 낭송하고 있는
그의 얼굴에서는
광채가 피어나고 있었다

나이보다 젊어 보이며
빛이 나는 비결이
그의 마음속에 숨어 있었다

3
남의 詩 속에 들어가
시가 좋아
흥얼거리며
내 것으로 만들어
즐겨 따라다니다가
자신도 모르는 사이
그냥 그대로
시인이 되어버린
그의 삶이었다

4
책상을 사이에 두고
마주 바라보는
만남은 설레었다
따뜻한 쑥차 한 잔 건네며

첫 작품이 실린 책자 속에
'광안브릿지' 라는 시를 읊었다
지난날 나의 창작시들과 함께
머나먼 세월 속으로
내 인고의 시련 속으로
어느새 쳐들어 와
나와 나란히
어깨를 겨누고 있었다

5
"...저멀리 떠도는 흰 물새 떼
파도소리 꿈꾸는 연인들의 속삭임
수변공원 저 바다에 앉아
카푸치노 한 잔에
내 시선이 머뭇거리던
광안대교 밤바다의 만찬에
축배를 들던..."
그 이미지 그대로 였기에
내 가슴은 쿵쾅거렸다

6
열정으로 똘똘 뭉친 피아노 연주자
낯설은 표정으로 나를 주시하던
그는
마음의 문을 늦게 열었다
2년 동안 어설프게 배운
내 오카리나 손가락들이
꼼지락 거리며 숨어들었다
아이시절 접어 둔
피아노의 선율 앞에서
뒤뚱거리던 왈츠의 춤이
그와 함께
건반 위에서 신나게 어우러져
만인의 오감을 진동시킬 날이
내게 서서히 다가오고 있었다

7
긴 밤을 지새며
시 한편 건져 올리는
두레박의 이명과

혼신을 다 바쳐서
건반 위를 누비는 열정과
시인보다 더 시인답게
살아가는 저 광채가
한데
어우러져 있었다

8
'카드인생' 이란
지난밤의 시를 낭송하던 날
침묵의 눈망울 속에선
물구나무 선 음표들이
싱싱 춤을 추고 있었다
혼신으로 건반을
마구 통과하고 있었다
그들은 나의 이웃이었다
시인인 그의 모습
음악가인 그의 모습
계산을 잘하는 그녀의 모습
참으로 살맛나는 세상이다

그들 때문에
내가 더 풍족해 지고 있었다

9
지리산 매실을 걸렀다
오늘 이 한 병은
보름동안 숙성시킨
상큼한 깻잎지와 함께
열심히 총무를 맡고 있는
그녀의 책상 위에 놓여졌다
해맑은 눈웃음은
충만한 기쁨이었다
나를 열심히 살게 하였다
조그만 추석 선물이었다
잘 몰랐던 그녀 앞에
다가갈 수 있는
소중한 만남이었다

10

몇 날 며칠 밤을
끙끙 지새운
연작시의 물꼬를 트여 준
그들의 눈웃음과
그 소중한 인연들은
모두 다 내가
품고 가야 할 세상이었다
감히 만남과 나눔을
실천할 수 있었다
허나
자원봉사 3천 시간 봉사자
그 끝없는
그들의 헌신 앞에서는
손톱 밑에 붙은
때에 불과하였다
위대한 나눔의 사랑을
실천하는 발자취

그들 뒤를 밟아야 겠다.

그때 좀

그때 좀 공부할 걸

그때 좀 열심히 할 걸

그때 좀 찾아갈 걸

그때 좀 잘할 걸

그때 좀 놓아줄 걸

그때 좀 베풀 걸

그때 좀 웃어줄 걸

그때 좀 안아줄 걸

그때 좀 다줄 걸

그때 좀 사랑할 걸

그때 좀 더 사랑할 걸

그때 좀 그렇게 살다 올 걸.

흔적

옷에 묻은 흔적은
지울 수 있어도
마음에 묻은 흔적은
지울 수 없다
우리 서로
세월이 흘러가도
지울 수 없는 상처로
마음 아파
잊혀지지
않는다는 것은
한 사람의
한 평생
쓰라리게
머문다는 것은
정말
못할 짓이지 않느냐
우리 서로
좋은 사귐으로
기억 속에서도
피어나는 웃음꽃
닮지 않으려느냐.

안동의 월영교月映橋

말없이 끊임없이
낙동강은 흐른다
풍부한 수자원의 보고寶庫
인생의 깊은 샘
여기
마음의 눈
맑아지고 있다
그대에게도
나에게도
늙지 않는 청춘이다
칼날 같은 산 그림자
불타오르는 젊음이다
그 달빛 그대로
옛사랑의 추억이다
황홀한
너덜겅이 되어
와락
그대를
붙잡고 싶다
눈 먼 행복

희망처럼 피어나
뿌리치지 못하고 있다
월령교로 미끄러져 온
그대
어찌
내 마음
알아차렸을까?

인연을 쏘다

송다인 詩人 열두번째 시집

인 쇄 일_ 2012년 5월 5일
발 행 일_ 2012년 5월 10일

지 은 이_ 송다인
펴 낸 이_ 최경식
펴 낸 곳_ 도서출판 청옥문학사
디 자 인_ 문화마을

등록번호_ 제10-11-05호
주 소_ 부산시 금정구 명서로 94, 101-411
전 화_ Tel. 051) 517-6068 / 070-8828-0068
F A X_ 051) 529-6068
E-mail _ kyu500@hanmail.net

값_ 10,000원

ISBN ISBN 978-89-964443-9-8